रंधान

(काव्य)

पूजा सिंह दुर्गा

PG
PUBLICATION

दिल्ली-110089, (भारत)

संस्करण : 2021

ISBN : 978-93-90889-70-9

मूल्य : 150/-

© सम्बंधित रचनाकार के अधीन

आवरण : ज्योति

संधान (काव्य)
पूजा सिंह दुर्गा

Sandhan (Kavya)
By : **Pooja Singh Durga**

Published by

PRAKHAR GOONJ PUBLICATION

Delhi- 110089

E-mail : prakhargoonj@gmail.com

      sinha.neelu123@gmail.com

Ph. no. 011-27851059, 7982710571, 7838505899

Web : prakhargoonjpublications.com

(निष्ठा)

संधान काव्य कृति एक सोच पर आधारित कृति है, एक ऐसी सोच जो हमें जीवन के अगणित नजरियों से परिचित कराती है। बचपन से ही मुझे कहानियाँ व कविताएँ पढ़ने और सुनने में अत्यधिक रुचि रहती थी। मैं अक्सर अपने दादाजी "श्रीदुर्गाप्रसादजी" से तरह तरह की कहानियाँ सुनती थी और सुनते सुनते उन कहानियों में पूर्ण रूप से डूब जाया करती थी।

मैंने उन्हें बहुत संघर्ष करते हुए देखा है और उनके जीवन ने मुझे जीवन को समझने का एक बहुत ही सुंदर दृष्टिकोण दिया। उन्हें कहीं पर भी कोई ऐसी परिस्थिति दिखती जो उनके मन को छूती या मन को कुरेदने लगती, वह उसे तुरंत उसे शब्दों में पिरोकर कागजों पर कविता के रूप में अंकित कर लिया करते थे।

उन्हीं की सीख व प्रेरणा से मैं भी साहित्य की ओर अग्रसर हुई, उनका महत्व समझी व अपनी कलम को साहित्यिक क्षेत्र में टिका सकी। इसी कारण मैंने उनके नाम को अपने नाम के साथ जोड़ा। उनके नाम को अपने साहित्यिक नाम से सम्बन्धित कर मैं स्वयं को गौरवान्वित महसूस करती हूं।

मैंने कई तरह की कविताएँ पढ़ीं, वीर रस पर आधारित, श्रृंगार पर आधारित, प्रकृति पर आधारित, सामाजिक संघर्ष व सुधार पर आधारित। निश्चित ही प्रत्येक विधा का अपना विशेष महत्व होता है, और मैं समझती हूं कि प्रत्येक विधा आपस में कहीं न कहीं एक दूसरे से सम्बन्ध रोपित करती है। जब मैं दसवीं कक्षा में थी तब मैंने पहली बार श्री हरिवंशराय बच्चन जी की कुछ कविताएँ पढ़ीं जिनमें उनकी कृति, उनकी पुस्तक सतरंगिणी से पथ की पहचान मैंने पढ़ी और मैंने समझा कि व्यक्ति को अपने जीवन या

लक्ष्य के प्रति किस भांति अपना दृष्टिकोण केन्द्रित करना चाहिए। जीवन हमें भिन्न भिन्न परिस्थितियों से मिलाएगा, उनका सामना कराएगा और हमें किस परिस्थिति में अपना क्या दृष्टिकोण रोपित करना चाहिए यह समझना आवश्यक है।

संधान काव्य मेरी इसी विचारधारा का संकलन है जो मैं अपने प्रेरक व अपने साहित्यिक गुरु अपने दादाजी स्वर्गीय श्री दुर्गा प्रसाद जी को समर्पित करती हूं।

पूजा सिंह दुर्गा

भूमिका

संधान काव्य रचना जीवन के सफर पर चलने वाले उन समस्त व्यक्तियों को समर्पित है, जो अपने जीवन को महत्त्वपूर्ण समझ उसका प्रत्येक परिस्थिति में सम्मान करते हैं, व समस्त परिस्थितियों को उचित दृष्टिकोण से देख जीवन के प्रति एक महत्वपूर्ण व उद्देश्यमय लक्ष्य प्रतिस्थापित करते हैं।

समस्त व्यक्तियों के लिए आवश्यक है कि वह अपने जीवन से प्रेम करें व दूसरों के जीवन का सम्मान करें, तभी व्यक्ति अपने जीवन के प्रति दृढ़ व दूसरों के जीवन के प्रति विनम्र हो सकता है। ज़िन्दगी का सफर वह यात्रा है जिस पर हर कोई चलता तो है परन्तु कभी कभी इस सफर का महत्व भूलने लगता है, ऐसे में ज़िन्दगी मात्र आगे बढ़ती तो है कदापि लक्ष्य कुछ न रह जाता एवं ऐसी लक्ष्यहीन जीवन यात्रा व्यक्ति को उसकी चेतना से विलग कर देती है। ऐसे में व्यक्ति की न तो पहचान ही रह जाती है, न सम्मान रह जाता है। संधान काव्य हमें जीवन के सफर की उन छोटी बड़ी खूबियों को दिखा रहा है जिससे प्रेरित होकर हम अपने जीवन के सफर पर चलने के लिए उचित लक्ष्य साधकर मार्गदर्शित हों व अपने जीवन के महत्व को अपना अधिकार समझ जिएं। संधान काव्य जीवन के सम्पूर्ण सफर का मानव जाति के लिए एक विशेष दृष्टिजनक महत्व स्थापित करता है।

ये संसार एक ऐसा सफर है जो निरन्तर ही गतिमान है तथा जीवन इस संसार में रहने का मार्ग, जिसमें रहकर मनुष्य को निरंतर ही चलना होता है। इसके लिए आवश्यक है कि मनुष्य अपना एक निश्चित लक्ष्य तय करें, ऐसा अडिग लक्ष्य जिस पर से उसकी दृष्टि कभी न हटे। वह लक्ष्य स्वतः ही मनुष्य को उसकी मंजिल तक ले जाएगा।

मैं समझती हूं, जीवन के सफर को मात्र शब्दों या वाक्यों से स्पष्ट नहीं किया जा सकता, इस पर चलने के साथ ही हर कदम पर हमें मन, मस्तिष्क व चेतना से इसे समझने व समझकर सीखने की आवश्यकता होती है। लक्ष्य स्थापित करने में यह निश्चित है कि रुकावटें हमारे कदमों की बेड़ियां बनकर हमें रोकने का काम करेंगी परन्तु हम हार मानकर स्वयं को निराश नहीं कर सकते अपितु हमारी कोशिशें निरंतर संधान की ओर होनी चाहिए। संधान हमारी चेतना की वह कठिन परीक्षा है जो हमें या तो संसार का महत्व बताती है या फिर हमें संसार से महत्वहीन कर देती है।

संधान काव्य एक ऐसी सोच है जो किसी व्यक्ति विशेष पर अपना आधारस्तम्भ रोपित नहीं करती अपितु यह तो सार्वजनिक जीव जाति की जीवन यात्रा की कथा है जो जीवन को एक प्रमुख लक्ष्य दिखलाती है तथा संसार का महत्व सिखलाती है। इस लक्ष्य की अनेकों शक्लें होती हैं जो कभी सकारात्मकता, व कभी नकारात्मकता दर्शाती है। यह निश्चित है कि कुछ हमसे सहमत होंगे परन्तु कुछ हमारे विरोधी भी होंगे, परन्तु यह भी निश्चित है कि प्रत्येक कर्म का रास्ता कटाक्षता से होकर ही गुजरता है।

संधान काव्य लिखते समय मैंने जीवन की अनेकों गतिविधियों को भांपने की कोशिश की उसमें से जितना समझ सकी हूं उतना ही दर्शाया है।

जीवन की गतिविधियों को
कोई नवीन पहचान दो
आरंभ एवं अंत का
आगम अडिग संधान दो।
संधान की निश्चय विधा
कोई आधार नहीं होती

लेकिन करे जो वाक् सफर
रीति साकार नहीं होती।

सच कहूं तो हम ज़िन्दगी को जितना ही जानने की कोशिश करते हैं, ज़िन्दगी हमें उतने ही अपने नये नये रंगों से परिचित कराती है। ज़िन्दगी का प्रत्येक अनुभव हर रोज हमें कुछ नया सिखाता है, जिनमें कुछ अनुभव बहुत अच्छे परन्तु कुछ दुखद व अप्रिय भी होते हैं। संधान काव्य इन्हीं अच्छे बुरे अनुभवों को दर्शाते हुए जिन्दगी के प्रति एक नया नजरिया या दृष्टिकोण प्रतिस्थापित करती है।

आये दिन हमारे आस पास अनेकों घटनाएं होती रहती है जिन्हें अक्सर नजरंदाज कर दिया जाता है, और जब ये घटनाएं जीवन व इन्सानियत को रौंदने लगती है तो इन्हें अंदेखा नहीं किया जा सकता है। बस ये नजरिया है कि किस घटना को लोग किस तरह अपने अलग अलग दृष्टिकोण से देखते हैं। हमारा जो भी दृष्टिकोण होता है जीवन हमें उसी के आधार पर दुनिया व समाज में पहचान दिलाता है। मैंने उन्हीं अनुभवों व उन्हीं दृष्टिकोणों को शब्दों में पिरोकर संधान काव्य की रचना की। आशा करती हूं यह हमारे लक्ष्य को निश्चित कर सही ग़लत की परख बतलाए एवं जीवन को देखने का उचित व सुन्दर दृष्टिकोण दे।

पूजा सिंह दुर्गा

१.

संधान कर तू हे मुसाफिर पग बढ़ा
ये ग़ेल ये गलियांन तेरे हो चलेंगे।

क्या कहूं वाक्यांश से
पथ पर चलना क्या सीख हो
तू पग बढ़ा बढ़ता ही चल
रुकना नहीं तो ठीक हो ।

होगा घटित कुछ ऐसा भी
जो भूल तू न पाएगा
पग जाएंगे जिस छोर तक
बिछोर हो ना पाएगा।

अपने गए हैं छूट
तो अपने मिले कुछ
भ्रम सत्यता से टूट
फिर सपने खिले कुछ।

क्या उम्र की सोच फिर
आयु के पहरों का लिहाज हो
बदला जो रौव ही क्या

सपनों का यही मिजाज हो।

वाकृपन से चलना अंगार पे
पग में बंधे चिंगार बंध
जीवन के पुष्प तू फिर भी ढूंढ
किस तरह जीत हर एक ध्वंद।

हो यही मिज़ाज बस तू
चलता ही चल
स्वप्नों के गुल खुद ही
तेरे लिए खिलेंगे।।

२.

संधान कर तू हे मुसाफिर पग बढ़ा
ये ग़ेल ये गलियांन तेरे हो चलेंगे।

हे मुसाफिर संग तेरे
चल रहे विषधर कई
जो डस रहे इस राह को
तू राह बनाता चल नई।

कुछ अच्छा भी तो कुछ बुरा
तू देख लेकिन सोच न
चेतना झंझोड़ अपनी
है अधिकार कोई बोझ न।

है धरा पर राह तेरी
न आसमान पर पांव धर
न गज रहेगी पांव तले
हो सके तो इस भ्रम से उभर।

धरातल की रज को चूम
फिर बढ़ कर देखना
अमावस के सितारे भी
सूने नभ में जलेंगे।

३.

संधान कर तू हे मुसाफिर पग बढ़ा
ये ग़ेल ये गलियांन तेरे हो चलेंगे।

हर पग पर हैं प्रश्न कुछ
तो प्रश्नचिन्ह बने कई
न जिसके निशान दिखाई देंगे
लेकिन चुनौतियां है नई ।

पर कौन कहता है कि ये
डर है तुम्हारी हार है
इतना समझ लो मंजिल तक
पहुंचने का एक उपहार है ।

उपहार होंगे और भी कुछ
तो विडंबना जागेगी
आंखों के मोती सूख गए
चांदी हंसी की क्या होगी ।

माथे पर होंगी लकीरें मगर
चलना तो पग को ही होगा
किस ढंग से तेरी चाल है
हर निशा तेरे मग पर होगा ।

ना किस्मत को कोस
फिर किस्मत बना
सौभाग्य के जुगनू
उजरते ही रहेंगे।

४.

संधान कर तू हे मुसाफिर पग बढ़ा
ये ग़ेल ये गलियांन तेरे हो चलेंगे।

देख तेरे साथ में
चल रहा भूगोल है
भटका तो कहां पहुंचेगा
जान पृथ्वी गोल है ।

ये वाट तेरी है निरंतर
न करना तू पग बंधित
पग बेड़ियां यत्न यातना
कर देती सबको ध्वन्दित ।

ध्वंद होगी वासना
इस सफर की भूख में
चुन रहा मंजर मुसाफिर
रंजिशों की मूक में ।

मूक होकर चल दिया तो
मूर्ख दुनिया जानेगी
शीतल स्वभाव की कशिश
से ही तुझको पहचानेगी।

चेतना के जुगनुओं को
तू नित जगा
यातना के हर तपिश
ज्वाल शीतल रहेंगे।

५.

संधान कर तू हे मुसाफिर पग बढ़ा
ये ग़ैल ये गलियांं तेरे हो चलेंगे।

जो स्वप्न तेरी आंखों में
तारामंडल पर चमकेंगे
आंखें रिता जो बह गए
तो स्वप्न बनकर ही रहेंगे ।

सोई हुई आंखें भी
खोलकर तुझे चलना होगा
धूप छांव की हर चुभन में
निडर हो जमना जलना होगा ।

कुछ उतार-चढ़ाव भी आएंगे
कदमों में शुइयों को चुभोने
आंसू भी होंगे सुख-दुख के
रह जाएंगे मन को भिगोने ।

बहने दे इन आंसुओं को
ताकि मन कांच बन सके
इस सफर का संधान ही
तेरे राह की प्यास बन सके।

हर पहलू को मन के
दर्पण में देखना
स्वता ही नयन राह की
वाधा दिखाते रहेंगे।

६.

संधान कर तू हे मुसाफिर पग बढ़ा
ये ग़ैल ये गलियांं तेरे हो चलेंगे।

उपमाओं की प्रतिलिपियों में
स्वप्नों का भूमंडल होगा
आशाओं की बेकल हठ में
लालशामय चित्त अंदल होगा ।

वास्तविकता किंतु अकिंचन
दृष्टि में तेरी आएगी
होगी यही वह कठिन घड़ी
कुछ स्मृतियां दिखलाएंगीं ।

जिनके कंकालों पर चलकर
कुछ पाना कुछ खोना होगा
समय रेत है वह जाएगा
किस बात का फिर रोना होगा।

कुछ आएंगे कुछ जाएंगे
इस सफर की गलियों में
संधान पर भला कौन टिकेगा
सब ही डूबे रंगरलियों में ।

वक्त की पहचान कर
न बेवाकी में समय गंवा
वक्त के परिंदे भी
तेरे कदमों संग उड़ेंगे।

७.

संधान कर तू हे मुसाफिर पग बढ़ा
ये ग़ैल ये गलियांं तेरे को चलेंगे।

वो चलेंगीं राह में
मंजिल कोई चेतन शिखा
जिनकी कोमल वल्लरियां
चाहेगी गुलबाग दिखा।

भ्रमर रूप ले संसार वाटिका में
कलियों को हो पागल
छेड़ेंगे कुछ राग भिन्न ही
आतुराई से कर कोलाहल ।

जिनकी कोलाहल की गूंज
पुनः तुझको पुकारेगी
आवाजों की शब्द माला
कुछ कहानियों को संवारेगी।

चीखों से भरे कुछ मौन वाक्य
तेरे भीतर की भावुकता
कुछ निष्ठुरता भी जागेगी
संधान चाह की यही विधा।

ध्वनियां सारी ही
गुंजन कर कोलाहल में
अक्सर खुद ही
राग माल को भ्रमित करेंगी।

८.

संधान कर तू हे मुसाफिर पग बढ़ा
ये ग़ैल ये गलियांं तेरे हो चलेंगे।

ताना बनकर रह जाए न
संधान पर तेरा निशाना
संधान डिगा तो सब है जर्जर
किस काम का फिर सफरनामा।

हर अंतराल पर जागेगी
जिज्ञासाओं की मद बेला
जिसमें लिपटा ख्वाब सजीला
भूमंडल लगता सुंदर रेला ।

लेकिन चक्षु चौकन्ने कर
जिस डगर पर टिकाऐगा
हिम्मत जितनी जुटा सकेगा
ठीक वहां तक जाएगा ।

कहने और करने में कई
किंतु परंतु भी आएंगे
जो सवालों और जवाबों को
ठीक एक कर जाएंगे।

लेकिन जवाब होगा वही
जो तेरी रूह जताएंगी
संधान कि इस सौम्य घड़ी में
कुदरत भी रंग जाएगी।

तानों और तारीफों से
न अपने मन को वहका
तेरे कर्त्तव्यों की पूर्ति में
सभी शामिल होते चलेंगे।

६.

संधान कर तू हे मुसाफिर पग बढ़ा
ये ग़ैल ये गलियांन तेरे हो चलेंगे।

तू ही प्रथम तू प्राथमिकता
तेरा वक्त दौर सब आएगा
पर वक्त कहां सबका यहां
होकर अचेत रह जाएगा।

फिर वक्त से क्या मांग
क्या सीख व क्या साथ होगा
करता रहा गर दिल्लगी
तो क्या तुम्हारे हाथ होगा।

वक्त मांग करता रहेगा
आयु के हर एक पहर में
धुंधलाएगा रूप जगत का
तेरे ही अपने शहर में।

होगी इस पर ही आधारित
जीवन मृत्यु की अटल कहानी
जीवन की डोर ढीली हुई
मृत्यु की होगी निगरानी।

मर कर भी तू अमर कथा में
सदैव ही गाया जाएगा
यह होगा चुनाव तेरा ही
राजा या रंक कहलाएगा।

पहचान अपनी असमंजस में
देख यूं ही न गंवा
असमानता के बीज वरना
सब ही फिर से बो चलेंगे।

१०.

संधान कल तू हे मुसाफिर पग बढ़ा
ये ग़ैल ये गलियांं तेरे हो चलेंगे।

उमड़ाकर सागर की लहरें
दिन-रात चक्र दर्शाएगीं
नदियों में होकर परिवर्तित
दुनिया की प्यास बुझाएगीं।

इस प्रकार वो मानुष महान
जो मानवता जन्माएगा
जीवन की कथित कहानी को
यथार्त कर दिखलाएगा।

पाखंड परस्पर आएगा
पावन कहानी ओढ़कर
बिखरे हैं सब ही इस तरह
अपने अपनों को छोड़कर।

मगर सत्यता का साक्ष्य
एक दिन समक्ष आ जाएगा
तेरा विवेक फिर देखेंगे
निखरेगा या मर जाएगा।

अपने विवेक को
वाकपन में न डिगा
संधान में इसके ही
परचम लहराते रहेंगे।

११.

संधान कर तू हे मुसाफिर पग बढ़ा
ये ग़ेल ये गलियांन तेरे हो चलेंगे।

माथे पर अंबर लपेट
और मुठ्ठी में धरती समेट
पग से सीले तू वात लहर
बिसरा दे सब आयु के पहर।

सागर उबाल आंखों में भर
शब्दों में शून्य नवचेत जगा
भीषण पावक को सौम्य करें
धरती पर शुभ संकेत जगा।

पीड़ा हरती धरती अनंत
परिजात वृक्ष जब खिलते हैं
सौभाग्य उजरते है निशदिन
आंगन भी फूलते फलते हैं।

अपनी चेतन नव बेलों से
युगों की कायाकल्प लिखो
तेरा एकल प्रस्ताव रहे
ऐसा ही एक विकल्प लिखो।

संधान पर समाधान का
ऐसा ही साहस जुटा
संजोग भी समस्याओं का
हल बतलाते रहेंगे।

१२.

संधान कर तू हे मुसाफिर पग बढ़ा
ये ग़ेल ये गलियांन तेरे हो चलेंगे।

क्या है जुनून जज्बा वो
जिससे जीवन ज्योति उजरे
उस पथ पर क्या चल पाएगा
जिस पर वीर पुरुष गुजरे।

कुछ महांयुक्तियां आयेगीं
तेरा निश्चय डुगाएगीं
मन में भी लालशा जागेगी
इच्छा सीमाएं लांघेंगी।

तू चाहे तो इच्छाओं को
दुबकाकर भी जी सकता है
लेकिन सच है ऐसा विष
कोन भला पी सकता है।

तेरी इच्छा आशाओं का
वो घमासान देखना है
विष है या अमृत है क्या है
तेरा संधान देखना है।

उन वीर पुरुष के पगचिह्नों को
अपनी आंखों में समेट
जिस भी पथ से गुजरेगा तू
अमृत के दरिये वह चलेंगे।

१३.

संधान कर तू हे मुसाफिर पग बढ़ा
ये ग़ैल ये गलियांन तेरे हो चलेंगे।

विषबाणों के लांछन होंगे
आधार अमिट आनन होंगे
इसपर कुछ कहा न जाएगा
परिणाम सहा न जाएगा।

गुजरेगा काल मन ठहरेगा
जलकर निशा होगी दिवस
संधान सत्य स्यात् है तो
लाएगा तू सौभाग्य सुयश।

मन अनायास चिंतन में धर
होकर अमूक करता करार
जिसकी विभूति प्रसुप्त हो
नभ वसुधा पे छंकर गराल।

मन की इस कटाक्षता को खुद
व्यंगों से कैसे तारोगे
विषबाणों की पावक वर्षा से
अंतस्थ अरल निवारोगे।

लेकिन नहीं ये काल अमर
आएगा बीत भी जाएगा
छंकर सभी निचुड़ेंगी फिर
मन पथ पुनः दिखलाएगा।

द्रग निर्झरता की तटनी में
स्थिर काल को वहा
ज़िन्दगी व काल स्वतः
अपने करतब ढो चलेंगे।

१४.

संधान कर तू हे मुसाफिर पग बढ़ा
ये गेल ये गलियांन तेरे हो चलेंगे।

क्या होगा कर्त्तव्यों का साझा
इसका संधान कर लेना
किस सफर को चल दिए पग
राह की पहचान कर लेना।

जो भी मिले फिर जीत में
उसका सम्मान कर लेना
तेरा कर्त्तव्य यही होगा
इसका ही ध्यान कर लेना।

कर्त्तव्यों की पूर्ति में जो
विघ्न वाधाऐं आएगी
शब्दों के हेर फेर से
कुछ भिन्न दिशा दिखलाएंगी।

है नहीं निश्चित सफर
फिर भी तुझे चलना होगा
कभी सुबह सा चमकना
कभी रात सा ढलना होगा।

निश्चित कर दृष्टि को
साधकर अपनी देखना
रात के हुतासन
एक दिन फिर ढलेंगे।

१५.

संधान कर तू हे मुसाफिर पग बढ़ा
ये ग़ेल ये गलियांन तेरे हो चलेंगे।

तुझसे कह रही हैं ये
गलियांन की वृक्ष लताऐं
मेरे चलचित्रों को
चूमकर फहरा पताऐं।

कंटकों से भी तू
सबक कुछ सीखकर
खिलते रहें सदा प्रसून
ताकि तेरी उम्मीद पर।

उम्मीद की ज्योति ही
तेरे सफर की चाल होगी
जो बुझ रही तो अंधियार सब
फिर ज़िन्दगी कंकाल होगी।

ज़िन्दगी वीरान कर
आखिर कहां क्या पाएगा
संधान से दृष्टि खिंची
तो कह कहां तक जाएगा।

उम्मीद की होंड़ों में
अपने कदमों को बढ़ा
जीवन ज्योति दीपक
सदैव ही उजरते रहेंगे।

१६.

संधान कर तू हे मुसाफिर पग बढ़ा
ये ग़ैल ये गलियांन तेरे हो चलेंगे।

कुछ उंगलियां कुछ तंज
कुछ तीर सी दृष्टि होगी
होगी हृदय के आर पार
डगमग सी सब सृष्टि होगी।

न बिसरा देना चाल अपनी
अधिकार भूल तू मूक हो
संधान की चाहत ही
तेरे सफर की भूख हो।

धुंधले करें पदचाप तो
सम्हल तू न लड़खड़ा
राह की रंजिश ही
संधान का है प्रश्न बढ़ा।

रंजिशों की है सभी
कल कुलिष सब हीनता
है कौन जो ऐसा कोई
अधिकार तेरा छीनता।

अधिकार दीन हीनता में
लड़खड़ाकर न भुला
मान में सब ही एक दिन
तेरे लिए निश्चित झुकेंगे।

१७.

संधान कर तू हे मुसाफिर पग बढ़ा
ये ग़ेल ये गलियांं तेरे हो चलेंगे।

अंतरिक्ष विलीन होकर
अंधेर रात में बदलेगा
भूतल की सौंध जम जाएंगी
वक्त जीवन निगलेगा।

तारे टूटकर बिखरेंगे
उल्कापात भी टकराएंगे
सृष्टि रिपु बन चिंघाड़ेगी
पुष्कर के बंध कतराएंगे।

ऐसे में बोल ज्योति धवल
कैसे लाएगा चपल चंचल
वसुधा की प्यास बुझाएगा
जब समय निरन्तर आएगा।

तारा पथ की छटा वधु होगी
सृष्टि की सुध खुशबू होगी
उल्का भी चमक बिखेरेंगे
भूतट सागर के घेरेंगे।

नियति का रुख भांपकर
कुदरत के रंगों को सजा
फिर देख दुनिया के रंग
स्वता ही निखरे रहेंगे।

१८.

संधान कर तू हे मुसाफिर पग बढ़ा
ये ग़ेल ये गलियांं तेरे हो चलेंगे।

रुपशिखाऐं नतमस्तक हो
अपना जिस्म परोसेंगी
कुरचे रौंदे देह तरल से
बिलखेंगी व कोसेंगी।

यह मनोस्थति जान सकेगा
क्या तू घिरकर मतभेदों में
आशाओं की रेख थामकर
इंसाफ विरल उल्लेखों में।

यह व्यथा होगी लाखों की
व करोड़ों की उंगलियां
बोलों की गर्माहट भी
कटु व्यंगों की तालियां।

ऐसे में तू देख मुसाफिर
न दर्शक बनकर मौन रह
वह जज्बा जुवां नेत्रों में ला
पहचान दोषी कौन वह।

सच का सार्थक बन
निरंतर न डगमगा
न्याय व इंसाफ के
किस्से सफल होते रहेंगे।

१६.

संधान कर तू हे मुसाफिर पग बढ़ा
ये ग़ेल ये गलियांं तेरे हो चलेंगे।

सख्सियत पहचान से
परिधान से सब जानेंगे
जो तय की गई धारणा
उसको ही यथार्त मानेंगे।

फिर जानेंगे व मानेंगे
जो सत साबित हो जाएगा
क्या है तुझमें वो शौर्य विरल
जो सच से टकराएगा।

पाप पुण्य का लेखा जोखा भी
यूं ही उथला पुथला होगा
कभी पाप गगन पर डोलेगा
व सच कुचला कुचला होगा।

मगर देख ये अहिष्णुता
भूल कदाचित न जाना
सच का होता है तप कठिन
और झूठ का हरजाना।

तप में लीन करके खुद को
सब हरजानों से मुक्त कर
ये देखना पाप पुण्य के
कितने अंश तुझमें घुलेंगे।

२०.

संधान कर तू हे मुसाफिर पग बढ़ा
ये ग़ेल ये गलियांन तेरे हो चलेंगे।

कदमों की भाषा से कहा जाए
इस सफर का बखान क्या
चूकि जो दृष्टि तो कहो
तेरा अडिग संधान क्या।

तेरी यही सूरत यही सीरत
तय कर जाएगी
सीरत जो बदली तो सूरत
पानी बन वह जाएगी।

कुछ मेलजोल ऐसे ही होंगे
इस सफर के निशान पर
है कठिन परीक्षा तेरी
जिसकी तू पहचान कर।

नियति की चाल होगी यही
जो तेरे कदम मांपेंगे
कुदरत रंग बदलकर अपने

तेरे मिजाज को भांपेंगे।

होकर अडिग नियति के
इशारों को परख
कुदरत के रंग संधान में
तेरे शामिल हो चलेंगे।

२१.

संधान कर तू हे मुसाफिर पग बढ़ा
ये ग़ेल ये गलियांं तेरे हो चलेंगे।

कितने चले साथी तेरे संग
कितने शत्रु पीछे चले
कौन यहां सच्चा सहभागी
जो संग आंख मींचें चले।

मीठे बोलों की लड़ियों में
न भ्रमित होकर वहक जाना
पहचान कर कर्त्तव्य की
न कटुता से सहम जाना।

तुझको गिराने आएंगे कई
तुझको हराने की चाह में
गिरते को भला उठाए कौन
औरौं की परवाह में।

होगा कोई न अपना जब तू
चोटिल होकर गिर जाएगा
फिर भी तुझे संभलना होगा
यदि दर्द से घिर जाएगा।

रंज की कठिन घड़ी में
रंगों को जीकर दिखा
पीर में भी आंसू तेरे
मुस्कराकर ही बहेंगे।

२२.

संधान कर तू हे मुसाफिर पग बढ़ा
ये ग़ेल ये गलियांन तेरे हो चलेंगे।

संधान पर रची जाएंगी
प्रीत की कहानी नई
जिसके हस्तक्षेप में
लोग सामिल होंगे कई।

पर याद रखना प्रीत तेरी
लांछन बनकर न रह जाए
न मैली हो पाए आत्मा
जमाना जो कुछ भी कह जाए।

जमाने की हर बात को
सुनकर ही आगे बढ़ना
जो कोई अनीति संजोएगा
नीति बनकर उससे लड़ना।

यही होगा तेरा संधान
तेरा कर्त्तव्य तेरा कर्म होगा
जिसकी कामना पूर्ति हेतु
पग बढ़े तो धर्म होगा।

कर्म और धर्म को
कर्त्तव्य समझ संधान पर
संधान में स्वता ही
मंजिल पर पग बढ़ते रहेंगे।

२३.

संधान कर तू हे मुसाफिर पग बढ़ा
ये ग़ेल ये गलियांन तेरे हो चलेंगे।

संधान पर शीत कीं
सिसकियां भी आएंगी
बरसात की बूंदों सी
आएंगी फिर ढह जाएंगी।

तू सूरज है या रात है
यह भी साबित हो जाएगा
जल जाएगा ढह जाएगा
बोल भला क्या पाएगा।

पर पाने में खोने में तू
संधान से विलग न हो जाना
जीवन है माया की नगरी
होकर भ्रमित न खो जाना।

कितने आएंगे मोह का दामन
लेकर तेरे जीवन में
आंखों को जो भटकाएंगे
चंचलता भरके मन में।

पर मन का क्या मन कांच है
टूटकर भी आयना दिखलाएगा
तेरे मन की हर असीमिता
तेरे समक्ष ले आएगा।

फिर क्या सही है क्या गलत
अपने ही मन से पूछना
संधान के चलचित्र भी
तेरे समक्ष बनते रहेंगे।

२४.

संधान कर तू हे मुसाफिर पग बढ़ा
ये ग़ैल ये गलियांं तेरे हो चलेंगे।

भांप रहा आकाश असीमित
धरती की अनंत कहानी
अंजानी होकर भी अपनी है
अपनी होकर भी अंजानी।

जाएगी दृष्टि जहां तक
चक्रव्यूह ही पाओगे
मंजिल की तलाश में
फिर कदमों को उलझाओगे।

लेकिन त्यागकर मोह की चादर
संधान को जब ओढ़ोगे
कुछ संबंध होंगे प्रभावित
कुछ बंधों को तोड़ोगे।

कौन है अपना कौन पराया
यह भी चुनौती आएगी
संधान की कुछ कठिन घड़ियां
ये वास्तविकता दिखलाएगी।

वास्तविकता की पहचान कर
होकर चकित न भ्रम बढ़ा
चक्रव्यूह के ओर छोर
संधान पर मिलते रहेंगे।

२५.

संधान कर तू हे मुसाफिर पग बढ़ा
ये ग़ेल ये गलियांन तेरे हो चलेंगे।

एक प्रश्न की उत्तरमाला में
कई रुप होंगे शब्दों के
ये चुनाव है तेरे बाट का
चलना जिसपे निशब्द होके।

तू निशब्द रहकर भी मगर
पग से अपनी पहचान लिख
जो बढ़े तो संधान हो
इसी हठ में लिप्त हो दिख।

इस धूल को ही तू अपना
साज अपना श्रृंगार मान
यही सौंदर्यता तेरे देह की
यही तेरी असल पहचान।

प्रश्नों की उत्तरमाला में फिर
तेरे शब्दों के कथान लिखे जाएंगे
जो संदर्भ होगा संधान पर
मुसाफिर राह में गुनगुनाएंगे।

शब्दों से भी संधान पर
पहचान अपनी तू बना
जीवन की कथाएं तेरे शब्दों से
मुसाफिर रचते रहेंगे।

२६.

संधान कर तू हे मुसाफिर पग बढ़ा
ये ग़ेल ये गलियांन तेरे हो चलेंगे।

कोई समझ खेल नशीबों का
कोई किस्मत का फैसला
कोई मान लकीरें हाथों की
मग पर पग बढ़ा चला।

पर कोशिश यही संधान की
जो गरिमा तेरी पहचान की
जिसे जीता है तू आज या कल
ये कहानी सदियों के विधान की।

संधान की कहानियां तुझसे
कह चली हैं आज फिर
जिस ओर मंजिल का ठिकाना
दृष्टि टिकाले तू उधर।

तेरी दृष्टि से विधान का
सत् संधान रचा जाएगा
दृष्टि अचेत न हो जाए
संधान धुंधला जाएगा।

अंगार भर या शीतलता
मगर दृष्टि को न रिता
स्वता ही दृष्टि में मंजिल के
भावचित्र बनते रहेंगे।

२७.

संधान कर तू हे मुसाफिर पग बढ़ा
ये ग़ेल ये गलियांं तेरे हो चलेंगे।

शरबत पीने की इच्छा में
पानी को भी न खो देना
सिक्कों को पाने की ज़िद में
न पत्थरों को तुम बो देना।

जो बोओगे वो ही काटोगे
है इस सफर की यही विधा
संधान को रख साधकर
फिर देख क्या है रास्ता।

कर्म और कर्त्तव्य का
व्यौरा भी लिखा जाएगा
जितनी करेगा कोशिशें
उतना ही तो पाएगा।

किन्तु परन्तु में एक दिन
सबकुछ पराया होना है
कुछ नहीं अपना यहां फिर
क्या हंसना क्या रोना है।

जो भी दिया है देव ने
मन मस्तक से सम्मान कर
हर्षिता के चिराग
स्वता ही उजले रहेंगे।

२८.

संधान कर तू हे मुसाफिर पग बढ़ा
ये ग़ैल ये गलियांन तेरे हो चलेंगे।

कुछ लकीरें हांथों पर
कुछ मस्तक पर भी होतीं हैं
लेकिन जिनके हांथ नहीं
आंखें उम्मीद संजोतीं हैं।

क्यों कि संधान साधने में
मन की ही दृष्टि काफी है
तेरी नियत नियति ने
इसी विधा पर भांपी है।

न इतना ऊंचा समझो खुद को
कि अपनों को न पहचान सको
न इतना भी गिर जाना तुम
कि अपनों को न जान सको।

ये संबंध पग की बेड़ियां
व पांख कभी बन जाएंगे
कभी जगाएं अमर चेतना
व ख़ाक कभी बन जाएंगे।

पुष्प और कंटकों की
सही पहचान कर
अपने परायों की यही
परख बतलाते रहेंगे।

२६.

संधान कर तू हे मुसाफिर पग बढ़ा
ये ग़ेल ये गलियांन तेरे हो चलेंगे।

कुछ वाक्यों के अंश में
शीतलता सोती होगी
कुछ बोलों की तपिश में
विनम्रता रोती होगी।

लेकिन तेरी सहनशीलता
जीवन का सार सिखाएगी
मौन रहेंगे अधर परन्तु
बात दूर तक जाएगी।

बातों ही बातों में फिर
ये जगत तुझे आजमाएगा
कदमों को रखना सोच समझकर
वरना फिर पछताएगा।

कल्पवृक्ष सी मायानगरी
धूप तीव्र फिर चटकेगी
जाए चेतना किसी डगर भी
लेकिन मंजिल भटकेगी।

भूलकर माया काया
निश्छल हो पथ देखना
देखना फिर मंजिल के
पथ ही मात्र दिखते रहेंगे।

३०.

संधान कर तू हे मुसाफिर पग बढ़ा
ये ग़ैल ये गलियांन तेरे हो चलेंगे।

कभी मस्तक की सुनना होगा
कभी मन भी कुछ मांगेगा
कुछ संबंधों में बंध जाएगा
कुछ बंधों को लांघेगा।

इस दुविधा में कुछ बहुत सही
कुछ बहुत ग़लत हो सकता है
कुछ पाने की चाह में
कुछ अनमोल भी खो सकता है।

ये जग है माया की नगरी
मोह में न बह जाना तुम
न भटका देना मग पर पग
न जग से पीछे रह जाना तुम।

मानवता की प्रखर ज्वाल
मन के भीतर प्रज्वलित करके
जो पीड़ मिले संधान में
सीख समझ कर सह जाना।

तेरी सहनशीलता ही तेरे
देह की निर्मल शक्ति होगी
जो संधान पर इकटक रहा
देव की सच्ची भक्ति होगी।

कर्म व कर्त्तव्यों के
ऐसे ही सुनहरे किस्से
वरदान के सही मायने
निरंतर सिखलाते रहेंगे।

३१.

संधान कर तू हे मुसाफिर पग बढ़ा
ये ग़ेल ये गलियांन तेरे हो चलेंगे।

तप से बल से छल से हल से
पार होना जीवन जंगल से
जिसमें खुंखार जानवर होंगे
पुष्प कांटे फल तरुवर होंगे।

जिसमें प्रभा उर्मियों का
नभ तेज़ भी शामिल होगा
जो जला नहीं वल्कि निखरा
वो ही इसके काबिल होगा।

है नहीं इतना सरल
संधान सृष्टि में अटल
जिसका प्रताप शाश्वत सकल
नवलोक में ज्योति धवल।

जिसमें तरल तरंगों का
मन चंचला मचलाएगा
आकर्षण होगा ऐसा कि
वशीभूत तू हो जाएगा।

होकर निर्मुक्त मन वासना से
जागकर देख तू
जीवन जंगल जंजाल में
उर्मि भानु विभो चलेंगे।

३२.

संधान कर तू हे मुसाफिर पग बढ़ा
ये ग़ैल ये गलियांं तेरे हो चलेंगे।

कहते हैं पर्वत चीरकर
दरिया हम बहा देंगे
धरातल का स्तर उठा
तारापथ से मिला देंगे।

लेकिन समझ ये अतिशयोक्ति
पूर्ण कदाचित न होती
भाषणों के गर्जन से ही
मानवता साबित न होती।

मानवता साबित करने को
जीवन कहानी रचती है
जिनके नायक नायिकाएं
अपनी इच्छाएं तजती हैं।

अपनी इच्छाएं त्यागकर
औरों की उम्मीद बंधाते हैं
कितनीं हीं हों मुस्किलें
फिर भी चलते जाते हैं।

संधान सुखों की सीख में
ये तप कठिन सिखाएगा
दृढ़ निश्चय करना होगा अटल
संधान साध फिर पाएगा।

औरों के सुखों में अपने
हर्ष का दीपक जला
हर ओर खुशहाली के उत्सव
नवीन प्रकाश संजोते रहेंगे।

३३.

संधान कर तू हे मुसाफिर पग बढ़ा
ये ग़ैल ये गलियांं तेरे हो चलेंगे।

उन्मादों अवसादों के क्षण
मन मस्तक की सैर करेंगे
गिर विधि के तृण पात सजीले
स्वप्न सुखों पर पांव धरेंगे।

वह साथी सुख दुःख का मितवा
शून्य निशा में खो जाएगा
ढूंढेगा जिसे तू रवि रश्मियों में
पागल पथिक फिर कहलाएगा।

हर ओर अंजानी सी
झंझावात दृगों में छाएगी
कू-कू सी नव-रत ध्वनियां कर
संलाप आप जुड़ाएगी।

फिर वक्त कटीली यादों के
सब ही साये धुंधलाएगा
अधिकार मर्म न हो जाए
यह भी जरिया ले आएगा।

अवसरों की परख कर
न भूतपूर्व में गुम हो जा
अवसरों की पकड़ से ही
मन के सारे मैल धुलेंगे।

३४.

संधान कर तू हे मुसाफिर पग बढ़ा
ये ग़ेल ये गलियांन तेरे हो चलेंगे।

ताज समझकर जिसको सिर का
तू गुरुर में इठलाएगा
तलवारों पर मस्तक होगा
कुरुक्षेत्र बहुत छिड़ जाएगा।

प्राण त्याग कर ताज सुरक्षित
यही विधा तेरे मान की
जीवन क्या मृत्यु क्या सुख दुःख
सब चुनौतियां संधान की।

वीर कई आऐ गये पर
रण वही शमशीर वही
संधान भी है एक ही
और एक ही तीर वही।

है कितनी गहराई असीमित
तेरी दृष्टि की लहरों में
पैमाना है पाप का भारी
झूठे सभी शहरों में।

बियाबान सी नगरी को
प्रेम प्रसून से सजा
सूनी सी बस्ती में भी
गुलशन ही खिलते रहेंगे।

संधान कर तू हे मुसाफिर पग बढ़ा
ये ग़ेल ये गलियांन तेरे हो चलेंगे।

समाप्त